In 27/20039

VIE
DU PERE
VANIERE.

Par le P. Théodore Lombard, Jesuite.

ACQUES VANIERE nâquit dans un Village du Diocése de Bésiers, nommé Causses, en Languedoc, le 9. Mars 1664. Son Pere étoit un honnête Bourgeois qui justifia tous les éloges qui lui sont donnés à la fin du cinquiéme Livre du *Prædium* ; ce court Episode ne fait pas moins d'honneur au fils qu'au Poëte : Envoyé dès sa plus

A

tendre jeunesse à Bésiers, il y fit les études au Collége des Jesuites. * Le P. Joubert son Régent, racontoit une chose assés
singuliere : Les premiers Vers Latins qu'eût
à faire le jeune Vaniere, le rebuterent : Il
pria son Régent de le dispenser d'une
sorte de devoir Classique qui lui coûtoit
une peine inutile. Le P. Joubert qui n'eût
garde d'y consentir, fit par des soins parti-
culiers, ce que malgré des obstacles étran-
gers, la nature se hâte communément de
faire par elle - même ; c'est de dévelo-
per un talent extraordinaire. Sa Réthori-
que achevée, le jeune Vaniere souhaita d'en-
trer dans nôtre Compagnie, & il exécuta ce
dessein l'an 1680. âgé de seize ans & demi.

Après avoir soûtenu l'épreuve de deux
années de Noviciat, il alla faire sa Philo-
sophie au Collége de Tournon, où son talent rare & singulier pour la Poësie Latine
ne tarda pas à se déclarer ; car dès la pre-
miere année de sa Régence, le P. Vaniere
s'anonça par le Poëme de *Stagna*, qui
fut suivi l'année d'après de celui de *Columbæ*.

---

* Le P. Joubert étoit d'une famille des plus considérables
de Montpellier.

Le jeune Poëte mit au jour les Colom-
bes à Touloufe, où fes Superieurs l'avoient
appellé , pour continuer fa Régence. Cet Ouvrage parût un Phénomene qui étonna le
Parnaffe Latin ; & le célébre Santeuil ne
fit pas difficulté de dire , que le Poëte qui
venoit de fe produire , les y avoit *tous de-
rangés*. Les Poëmes de *Vites* & *d'Olus*
qui fe fuccederent , furent accüellis avec
les mémes applaudiffemens : *L'Olus* fut don-
né au Public à Montpellier, où le P. Vaniere
étoit Profeffeur de Philofophie. C'eft là ,
que fes talens n'échaperent pas au goût de
Monfieur de Bafville , Intendant du Languedoc : L'heritier du gênie du Grand La-
moignon l'excita par fes éloges , & plus heureufement par de judicieux Confeils à pourfuivre la route où il étoit entré ; c'étoit
s'acquerir des droits légitimes à la dédi-
cace du *Prædium* qui parût fous les auf-
pices de l'Illuftre Magiftrat. L'agrément des
Fables que le P. Rapin a fi bien maniées
dans fes Jardins , n'y repare pas un excès de
prodigalité : Le P. Vaniere étoit jeune ;
l'exemple devenoit féduifant. Les Avis de
Meffieurs de Bafville & Fléchier , le ren-

dirent plus fobre dans l'ufage de cette efpece d'Epifode.

Quoique fon efprit fut d'une trempe à fe
plier heureufement aux fciences abftraites &
élevées, fes Superieurs fe hâterent de le rap-
peller au Collége de Touloufe, pour le mettre
à la tête de la Maifon des Penfionnaires.

Le P. Vaniere n'étoit pas borné au talent de faire d'excellens Vers. Eclairé par
une raifon faine, toûjours guidé par un
grand fens, plein de zéle pour l'utilité publi-
que, il envifageoit les chofes fous leur vrai
point de vûë; auffi capable de former des
plans, que propre à les exécuter, il fçavoit fe
roidir contre les obftacles : Jamais Maître
n'eût peut-être ni plus d'Art ni plus de Methode, pour mettre à profit tous les talens
des jeunes éleves qui furent confiés à fes foins.

L'emploi de Principal qu'il remplit pendant fix années, prenoit trop fur la Com-
pofition qu'il ne pouvoit fe réfoudre d'aban-
donner : La Providence le rendit à fon
goût & à fon génie ; il lui fut permis de
fuivre plus tranquillement le plan d'un Ouvrage qui embrafsât les travaux & les agrémens
de la vie Champêtre. La place d'Ecrivain

qu'il vint occuper dans le Collége de Toulouse, le laiſſa maître de diſpoſer du tems
neceſſaire pour élever l'édifice du *Prædium.*

Mais il eſt peu de Poëtes que ne ſédui-
ſe l'attrait dangereux de s'eſſayer ſur plus
d'un genre de Poëſie ; j'ai dans mes mains
l'eſquiſſe d'un Poëme dont le Héros eſt St.
Xavier : Le P. Vaniere traça ce plan Poëtique après l'impreſſion de quelques Livres
du *Prædium*, & il le communiqua au fa-
meux P. de la Ruë ; celui - ci crût devoir
arrêter les progrés d'une tentation qui riſ-
quoit de faire prendre le change au vrai
talent du P. Vaniere.

Cependant l'Auteur du *Prædium* jugea
qu'il pouvoit, ne fût-ce qu'à titre de dé-
laſſement, ſe partager entre les charmes
de la Poëſie, & le travail d'un Dictionnaire
pour les Vers Latins ; & c'eſt à des heures
comme perduës que la Litterature eſt réde-
vable du Dictionnaire Poëtique, Ouvrage
excellent dans ſon Genre.

L'impreſſion de ce Dictionnaire qui ſe
fit à Lyon ; obligea le P. Vaniere de faire
un ſéjour de deux années dans cette Ville,
où le Prince d'Harcourt lui marqua une

eſtime ſinguliere, juſqu'à lui fournir par lui même des connoiſſances ſur la Chaſſe du Cerf.

Le P. Vaniere étoit perſuadé que les meilleurs Ouvrages ont beſoin d'être maniés à pluſieurs repriſes, & que la correction eſt un travail neceſſaire pour attraper la perfection. C'eſt-ce qui le détermina à revoir avec l'œil d'un Cenſeur ſévere & judicieux, les Poëmes differens qui compoſent le corps du *Prædium* ; ſa docilité aux Conſeils d'une Critique éclairée, eſt un exemple à propoſer aux Auteurs : Il ajoûta le chant ſur les Abeilles ; cette production d'un âge avancé ne degenera pas des autres fruits d'une Muſe caracteriſée par une élegante ſimplicité , & par le tour du Vers marqué au Coin de la bonne antiquité. Les Livres du *Prædium* étoient montés au nombre de ſeize ; il s'en fit une Edition à Touloufe ſous les yeux de l'Auteur.

Il ne crut pas avoir acquis des droits au répos , avec la gloire de ſe voir placé à côté de Virgile par les Connoiſſeurs, & ſingulierement par les Anglois , chès qui la Poëſie Latine n'a pas éprouvé la decadance, qu'elle éprouve parmi nous ; il s'apperçût que la Republique des Lettres, si heureusement fournie de Dictionnaires, manquoit d'un Ouvrage en ce Genre, qui fut comme un trésor abondant & varié de la Langue des Césars ; il chercha donc la gloire de n'être qu'utile au Public, gloire que pour leur intérêt commun, les hommes devroient estimer davantage. Il forma le plan d'un Dictionnaire François & Latin, qui renfermât tous les sens, toutes les expressions de notre Langue, les termes des Arts & des Sciences. Des personnes aussi distinguées par leurs lumieres que par leur place, furent consultées sur ce Plan, dont elles approuverent le goût, la Methode, & l'étenduë. Ceux qui s'interessent au progrés de la Langue Latine, & par là peut-être au dépôt du bon goût, encouragerent le P. Vaniere à servir la Litterature par une sorte de travail qu'on n'apprécie jamais ce qu'il coûte ; & je l'ai vû rédoubler son zéle dans un âge fort avancé, jusqu'à mettre au rang des plus grandes pertes les momens qu'on lui deroboit.

Ses Superieurs attentifs à ménager quelque forte de délaffement à fes occupations, lui propoferent le Rectorat du Collége d'Auch : L'efperance d'y trouver des fecours pour hâter fa penible entreprife, fut un des motifs qui déterminérent l'homme de Lettres à fe prêter à leurs inftances.

Qu'il me foit permis de dire que c'eft ici l'époque de la reconnoiffance que je dois à ce grand Homme : J'entrois alors dans la carriere de ma Régence ; il m'appella auprès de lui, dirigea mes études, m'affocia pendant une année au travail du Diction- naire, comme s'il eût prévû que je dûffe un jour être deftiné à le continuer, & à le donner au Public.

Au bout de trois années le P. Vaniere revint à Touloufe, où un évenement Litte- raire le força d'interrompre fon Ouvrage. Mr. de la Berchere, Archevêque de Nar- bonne, legua par fon Teftament aux Jefuites de Touloufe, la belle Bibliothéque qu'il avoit formée à grands frais. Ce grand Prélat, dont la mémoire nous fera toûjours précieufe, avoit annoncé ce prefent à l'Auteur du *Prædium*, en lui ajoûtant que la beauté de fes Vers avoit beaucoup influé fur la deftination qu'il faifoit de fes Livres. Cependant je ne fçai quel concours de circonftances , fit dégenerer le don en Procès ; le P. Vaniere fut chargé de le pourfuivre au Confeil d'Etat : Il fe tranfporta l'année 1730. à Paris , où l'accüeil dont il fut honoré par ce qu'il y a de plus élevé dans le Royaume, eût dequoi adoucir le défagrément du rôle que joüe un Auteur dévenu Plaideur.

Monfieur le Chancellier qui connoiffoit le P. Vaniere par les graces de fa Poëfie , lui permit un accès toûjours facile auprès de fa Perfonne , & daigna lui faire part de fes idées pour fon grand Dictionnaire : Ce feront des beautés que l'Ouvrage gagnera.

Les fçavans Illuftres qui préfident à la garde de la Bibliothéque du Roi , voulurent que le jour où le P. Vaniere y étoit entré , fût une efpece d'époque qui ne s'oubliât pas : Les Regiftres y conferveront le fouvenir de l'honneur qu'on lui fit.

Un homme de Lettres eft pour des yeux éclairés plus qu'un homme ordinaire ; ainfi le penfoit le célébre P. Porée , qui, fous un artifice innocent , attira dans fa Claffe

de Rethorique le Virgile François , pour
lui payer un tribut d'éloges.

Après l'évenement du Procès , qui fut
bien triste pour les Lettres en général,
puisque la Bibliothéque de Mr. de la Berchere est aujourd'hui mise en vente , pour
n'être desormais que les Membres épars &
separés d'un grand Corps. Le P. Vaniere
se rendit à Toulouse , il reprit ses occupations avec une ardeur fort au-dessus de son
âge , sans pouvoir achever son Dictionnaire ; & encore avertit-il son Successeur
dans un Mémoire trouvé parmi ses Papiers,
de ne pas regarder comme fini ce qu'il
laissoit d'Ouvrage.

Voilà l'état où étoit ce Dictionnaire
lorsque mes Superieurs me chargerent de
le continuer : Je sçai qu'il est attendu avec
assés d'impatience , pour que je risque d'être
accusé de lenteur ; mais des Lettres presque entieres à faire , & un Ouvrage qui for-
mera six Volumes *In folio* , rendent cette
lenteur necessaire. Je ne sçaurois acquitter
les engagemens que j'ai pris , que dans trois
ou quatre années ; & je me réserve à donner alors une idée fidéle de l'Ouvrage ,

pour l'annoncer aux Imprimeurs.

Ce que je dois me hâter de publier, c'est l'attention que Monseigneur le Cardinal de Fleuri a bien voulu * donner au Dictionnaire du P. Vaniere. Après avoir honoré ce Pere de ses bienfaits, son Eminence a fait passer jusqu'à moi la même grace, pour accelerer l'Ouvrage en augmentant les secours.

Ce ne seroit pas faire connoître le P. Vaniere, de ne presenter que le portrait de l'Auteur. Il fut un de ces hommes distingués par une aimable simplicité, qui ne se retrouve presque plus dans nos mœurs ; son Caractere est parfaitement assorti au genre de Poësie que la nature l'inspira d'embrasser. Une taille haute & sans grace, un exterieur négligé, des manieres embarrassées, une phisionomie qui laissoit entrevoir moins de finesse que de candeur, une conversation plus sensée qu'agréable, presque timide & sans saillies, cachoient l'Auteur élegant & châtié du *Prædium*. Sa modestie ne contribuoit pas à le faire découvrir ; il sem-

* Cette Vie a été composée avant la mort du Cardinal de Fleuri.

bloit ignorer ſes talens. Mais ce qui eſt bien plus précieux que les talens, & plus rare encore que la modeſtie dans un Auteur, une piété toûjours égale lui valut une grande innocence de mœurs : Attaché par goût à ſon état, on jugera ſans peine qu'il en rempliſſoit tous les devoirs. Je fournirai la preuve des démarches édifiantes qu'il fit pour aller porter l'Evangile aux Nations Infidéles ; ces Miſſions lui furent infiniment cheres, & comme pour ſuppléer au défaut de ſon miniſtere, il les ſecourut par de ſolides bienfaits.

Comment le P. Vaniere qui n'a fait qu'exprimer ſes ſentimens dans les huit Egloges qu'il a compoſées ſur l'amitié, n'eût-il pas eu des Amis ? Il en eut d'un merite, & d'un rang diſtingué, parmi leſquels fut l'Illuſtre Préſident de Caulet, l'ami des beaux Arts, l'un des plus ſolides ornemens de la Magiſtrature, & le Citoyen le plus digne des régrets que ſa Mort vient de cauſer. Mr. Titon du Tillet, ſi zelé pour la gloire de la Nation, & lié, depuis quelques années avec l'Auteur du *Prædium*, lui a marqué une place ſur ſon Parnaſſe François.

Ravafin, Poëte Latin & Italien, a invoqué dans un de fes Poëmes la Mufe du P. Vaniere ; * il l'invite à venir l'infpirer fur les bords du Mencio, où la Mufe de Virgile la regarderoit moins comme étrangere, que comme Sœur. Il étoit donc permis au P. Vaniere de dire, *Famam non audituro cineri poft fata relinquam.*

Il falloit bien qu'il eût reçû de la Nature un temperament robufte, pour fournir aux journées conftament occupées d'un bout à l'autre : Sa fanté commença de fe démentir par une douleur Paralitique qui fe jetta fur le bras droit ; la fiévre fuivit de près : Epuifé par tant de veilles, il ne peut réfifter à la violence d'un redoublement qui l'emporta. La Mort n'effraya pas un homme qui l'attendoit, & qui la reçût, penêtré des plus tendres fentimens de la Réligion. Il mourut à Touloufe le 22. d'Août 1739. dans la foixante - feiziéme année de fon âge. Le vuide qu'il a laiffé fur le Parnaffe Latin, ne fera pas facilement rempli.

* Hunc modo ab occiduo Mufæ Vanierides orbe
Ferte pedes, &c.

www.ingramcontent.com/pod-product-compliance
Lightning Source LLC
LaVergne TN
LVHW050245060726
842525LV00007B/2864